心一堂術數古籍珍本叢刊

書名：《星氣（卦）通義（蔣大鴻秘本四十八局圖并打劫法）》《天驚秘訣》合刊
系列：心一堂術數古籍珍本叢刊　第二輯　堪輿類　178
作者：題【清】蔣大鴻
主編、責任編輯：陳劍聰
心一堂術數古籍珍本叢刊編校小組：陳劍聰　素聞　鄒偉才　虛白盧主

出版：心一堂有限公司
通訊地址：香港九龍旺角彌敦道六一〇號荷李活商業中心十八樓〇五—〇六室
深港讀者服務中心·中國深圳市羅湖區立新路六號羅湖商業大厦負一層〇〇八室
電話號碼：(852)67150840
網址：publish.sunyata.cc
電郵：sunyatabook@gmail.com
網店：http://book.sunyata.cc
淘寶店地址：https://shop210782774.taobao.com
微店地址：https://weidian.com/s/1212826297
臉書：https://www.facebook.com/sunyatabook
讀者論壇：http://bbs.sunyata.cc/

版次：二零一八年九月初版
平裝

定價：港幣　五百八十八元正
　　　新台幣　二千二百八十元正

國際書號：ISBN 978-988-8266-53-1

香港發行：香港聯合書刊物流有限公司
地址：香港新界大埔汀麗路36號中華商務印刷大廈3樓
電話號碼：(852)2150-2100
傳真號碼：(852)2407-3062
電郵：info@suplogistics.com.hk

台灣發行：秀威資訊科技股份有限公司
地址：台灣台北市內湖區瑞光路七十六巷六十五號一樓
電話號碼：+886-2-2796-3638
傳真號碼：+886-2-2796-1377
網絡書店：www.bodbooks.com.tw
台灣國家書店讀者服務中心：
地址：台灣台北市中山區松江路二〇九號一樓
電話號碼：+886-2-2518-0207
傳真號碼：+886-2-2518-0778
網絡書店：http://www.govbooks.com.tw

中國大陸發行　零售：深圳心一堂文化傳播有限公司
深圳地址：深圳市羅湖區立新路六號羅湖商業大厦負一層〇〇八室
電話號碼：(86)0755-82224934

心一堂微店二維碼

心一堂淘寶店二維碼

心一堂術數古籍 珍本 整理 叢刊 總序

術數定義

術數，大概可謂以「推算（推演）、預測人（個人、群體、國家等）、事、物、自然現象、時間、空間方位等規律及氣數，並或通過種種『方術』，從而達致趨吉避凶或某種特定目的」之知識體系和方法。

術數類別

我國術數的內容類別，歷代不盡相同，例如《漢書・藝文志》中載，漢代術數有六類：天文、曆譜、五行、蓍龜、雜占、形法。至清代《四庫全書》，術數類則有：數學、占候、相宅相墓、占卜、命書、相書、陰陽五行、雜技術等，其他如《後漢書・方術部》、《藝文類聚・方術部》、《太平御覽・方術部》等，對於術數的分類，皆有差異。古代多把天文、曆譜、及部分數學均歸入術數類，而民間流行亦視傳統醫學作為術數的一環；此外，有些術數與宗教中的方術亦往往難以分開。現代民間則常將各種術數歸納為五大類別：命、卜、相、醫、山，通稱「五術」。

本叢刊在《四庫全書》的分類基礎上，將術數分為九大類別：占筮、星命、相術、堪輿、選擇、三式、讖諱、理數（陰陽五行）、雜術（其他）。而未收天文、曆譜、算術、宗教方術、醫學。

術數思想與發展——從術到學，乃至合道

我國術數是由上古的占星、卜筮、形法等術發展下來的。其中卜筮之術，是歷經夏商周三代而通過「龜卜、蓍筮」得出卜（筮）辭的一種預測（吉凶成敗）術，之後歸納並結集成書，此即現傳之《易

經》。經過春秋戰國至秦漢之際，受到當時諸子百家的影響、儒家的推崇，遂有《易傳》等的出現，原本是卜筮術書的《易經》，被提升及解讀成有包涵「天地之道（理）」之學。因此，《易・繫辭傳》曰：「易與天地準，故能彌綸天地之道。」

漢代以後，易學中的陰陽學說，與五行、九宮、干支、氣運、災變、律曆、卦氣、讖緯、天人感應說等相結合，形成易學中象數系統。而其他原與《易經》本來沒有關係的術數，如占星、形法、選擇，亦漸漸以易理（象數學說）為依歸。《四庫全書・易類小序》云：「術數之興，多在秦漢以後。要其旨，不出乎陰陽五行，生尅制化。實皆《易》之支派，傳以雜說耳。」至此，術數可謂已由「術」發展成「學」。

及至宋代，術數理論與理學中的河圖洛書、太極圖、邵雍先天之學及皇極經世等學說給合，通過術數以演繹理學中「天地中有一太極，萬物中各有一太極」（《朱子語類》）的思想。術數理論不單已發展至十分成熟，而且也從其學理中衍生一些新的方法或理論，如《梅花易數》、《河洛理數》等。

在傳統上，術數功能往往不止於僅僅作為趨吉避凶的方術，及「能彌綸天地之道」的學問，亦有其「修心養性」的功能，「與道合一」（修道）的內涵。《素問・上古天真論》：「上古之人，其知道者，法於陰陽，和於術數。」數之意義，不單是外在的算數、歷數、氣數，而是與理學中同等的「道」、「理」--心性的功能，北宋理氣家邵雍對此多有發揮：「聖人之心，是亦數也」、「萬化萬事生乎心」、「心為太極」。《觀物外篇》：「先天之學，心法也。……蓋天地萬物之理，盡在其中矣，心一而不分，則能應萬物。」反過來說，宋代的術數理論，受到當時理學、佛道及宋易影響，認為心性本質上是等同天地之太極。天地萬物氣數規律，能通過內觀自心而有所感知，即是內心也已具備有術數的推演及預測、感知能力；相傳是邵雍所創之《梅花易數》，便是在這樣的背景下誕生。

《易・文言傳》已有「積善之家，必有餘慶；積不善之家，必有餘殃」之說，至漢代流行的災變說及讖緯說，我國數千年來都認為天災，異常天象（自然現象），皆與一國或一地的施政者失德有關；下至家族、個人之盛衰，也都與一族一人之德行修養有關。因此，我國術數中除了吉凶盛衰理數之外，人心的德行修養，也是趨吉避凶的一個關鍵因素。

術數與宗教、修道

在這種思想之下，我國術數不單只是附屬於巫術或宗教行為的方術，又往往是一種宗教的修煉手段--通過術數，以知陰陽，乃至合陰陽（道）。「其知道者，法於陰陽，和於術數。」例如，「奇門遁甲」術中，即分為「術奇門」與「法奇門」兩大類。「法奇門」中有大量道教中符籙、手印、存想、內煉的內容，是道教內丹外法的一種重要外法修煉體系。甚至在雷法一系的修煉上，亦大量應用了術數內容。此外，相術、堪輿術中也有修煉望氣（氣的形狀、顏色）的方法；堪輿家除了選擇陰陽宅之吉凶外，也有道教中選擇適合修道環境（法、財、侶、地中的地）的方法，以至通過堪輿術觀察天地山川陰陽之氣，亦成為領悟陰陽金丹大道的一途。

易學體系以外的術數與的少數民族的術數

我國術數中，也有不用或不全用易理作為其理論依據的，如揚雄的《太玄》、司馬光的《潛虛》。也有一些占卜法、雜術不屬於《易經》系統，不過對後世影響較少而已。

外來宗教及少數民族中也有不少雖受漢文化影響（如陰陽、五行、二十八宿等學說。）但仍自成系統的術數，如古代的西夏、突厥、吐魯番等占卜及星占術，藏族中有多種藏傳佛教占卜術、苯教占卜術、擇吉術、推命術、相術等；北方少數民族有薩滿教占卜術；不少少數民族如水族、白族、布朗族、佤族、彝族、苗族等，皆有占雞（卦）草卜、雞蛋卜等術，納西族的占星術、占卜術，彝族畢摩的推命術、占卜術……等等，都是屬於《易經》體系以外的術數。相對上，外國傳入的術數以及其理論，對我國術數影響更大。

曆法、推步術與外來術數的影響

我國的術數與曆法的關係非常緊密。早期的術數中，很多是利用星宿或星宿組合的位置（如某星在某州或某宮某度）付予某種吉凶意義，并據之以推演，例如歲星（木星）、月將（某月太陽所躔之宮次）等。不過，由於不同的古代曆法推步的誤差及歲差的問題，若干年後，其術數所用之星辰的位置，已與真實星辰的位置不一樣了；此如歲星（木星），早期的曆法及術數以十二年為一周期（以應地支），與木星真實周期十一點八六年，每幾十年便錯一宮。後來術家又設一「太歲」的假想星體來解決，是歲星運行的相反，週期亦剛好是十二年。而術數中的神煞，很多即是根據太歲的位置而定。又如六壬術中的「月將」，原是立春節氣後太陽躔娵訾之次而稱作「登明亥將」，至宋代，因歲差的關係，要到雨水節氣後太陽才躔娵訾之次，當時沈括提出了修正，但明清時六壬術中「月將」仍然沿用宋代沈括修正的起法沒有再修正。

由於以真實星象周期的推步術是非常繁複，而且古代星象推步術本身亦有不少誤差，大多數術數除依曆書保留了太陽（節氣）、太陰（月相）的簡單宮次計算外，漸漸形成根據干支、日月等的各自起例，以起出其他具有不同含義的眾多假想星象及神煞系統。唐宋以後，我國絕大部分術數都主要沿用這一系統，也出現了不少完全脫離真實星象的術數，如《子平術》、《紫微斗數》、《鐵版神數》等。後來就連一些利用真實星辰位置的術數，如《七政四餘術》及選擇法中的《天星選擇》，也已與假想星象及神煞混合而使用了。

隨着古代外國曆（推步）、術數的傳入，如唐代傳入的印度曆法及術數，元代傳入的回回曆等，其中我國占星術便吸收了印度占星術中羅睺星、計都星等而形成四餘星，又通過阿拉伯占星術而吸收了其中來自希臘、巴比倫占星術的黃道十二宮、四大（四元素）學說（地、水、火、風），並與我國傳統的二十八宿、五行說、神煞系統並存而形成《七政四餘術》。此外，一些術數中的北斗星名，不用我國傳統的星名：天樞、天璇、天璣、天權、玉衡、開陽、搖光，而是使用來自印度梵文所譯的：貪狼、巨門、祿存、文曲，廉貞、武曲、破軍等，此明顯是受到唐代從印度傳入的曆法及占星術所影響。如星命術中的《紫微斗數》及堪輿術中的《撼龍經》等文獻中，其星皆用印度譯名。及至清初《時憲曆》，置閏之法則改用西法「定氣」。清代以後的術數，又作過不少的調整。

此外，我國相術中的面相術、手相術，唐宋之際受印度相術影響頗大，至民國初年，又通過翻譯歐西、日本的相術書籍而大量吸收歐西相術的內容，形成了現代我國坊間流行的新式相術。

陰陽學——術數在古代、官方管理及外國的影響

術數在古代社會中一直扮演着一個非常重要的角色，影響層面不單只是某一階層、某一職業、某一年齡的人，而是上自帝王，下至普通百姓，從出生到死亡，不論是生活上的小事如洗髮、出行等，大事如建房、入伙、出兵等，從個人、家族以至國家，從天文、氣象、地理到人事、軍事，從民俗、學術到宗教，都離不開術數的應用。我國最晚在唐代開始，已把以上術數之學，稱作陰陽（學），行術數者稱陰陽人。（敦煌文書、斯四三二七唐《師師漫語話》：「以下說陰陽人謾語話」，此說法後來傳入日本，今日本人稱行術數者為「陰陽師」）。一直到了清末，欽天監中負責陰陽術數的官員中，以及民間術數之士，仍名陰陽生。

古代政府的中欽天監（司天監），除了負責天文、曆法、輿地之外，亦精通其他如星占、選擇、堪輿等術數，除在皇室人員及朝庭中應用外，也定期頒行日書、修定術數，使民間對於天文、日曆用事吉凶及使用其他術數時，有所依從。

我國古代政府對官方及民間陰陽學及陰陽官員，從其內容、人員的選拔、培訓、認證、考核、律法監管等，都有制度。至明清兩代，其制度更為完善、嚴格。

宋代官學之中，課程中已有陰陽學及其考試的內容。（宋徽宗崇寧三年〔一一零四年〕崇寧算學令：「諸學生習……並曆算、三式、天文書。」「諸試……三式即射覆及預占三日陰陽風雨。天文即預

定一月或一季分野災祥，並以依經備草合問為通。」

金代司天臺，從民間「草澤人」（即民間習術數人士）考試選拔：「其試之制，以《宣明曆》試推步，及《婚書》、《地理新書》試合婚、安葬，並《易》筮法，六壬課、三命、五星之術。」（《金史》卷五十一．志第三十二．選舉一）

元代為進一步加強官方陰陽學對民間的影響、管理、控制及培育，除沿襲宋代、金代在司天監掌管陰陽學及中央的官學陰陽學課程之外，更在地方上增設陰陽學課程（《元史．選舉志一》：「世祖至元二十八年夏六月始置諸路陰陽學。」）地方上也設陰陽學教授員，培育及管轄地方陰陽人。（《元史．選舉志一》：「（元仁宗）延祐初，令陰陽人依儒醫例，於路、府、州設教授員，凡陰陽人皆管轄之，而上屬於太史焉。」）自此，民間的陰陽術士（陰陽人），被納入官方的管轄之下。

至明清兩代，陰陽學制度更為完善。中央欽天監掌管陰陽學，明代地方縣設陰陽學正術，各州設陰陽學典術，各縣設陰陽學訓術。陰陽人從地方陰陽學肆業或被選拔出來後，再送到欽天監考試。（《大明會典》卷二二三：「凡天下府州縣舉到陰陽人堪任正術等官者，俱從吏部送（欽天監），考中，送回選用；不中者發回原籍為民，原保官吏治罪。」）清代大致沿用明制，凡陰陽術數之流，悉歸中央欽天監及地方陰陽官員管理、培訓、認證。至今尚有「紹興府陰陽印」、「東光縣陰陽學記」等明代銅印，及某某縣某某之清代陰陽執照等傳世。

清代欽天監漏刻科對官員要求甚為嚴格。《大清會典》「國子監」規定：「凡算學之教，設肄業生。滿洲十有二人，蒙古、漢軍各六人，於各旗官學內考取。漢十有二人，於舉人、貢監生童內考取。附學生二十四人，由欽天監選送。教以天文演算法諸書，五年學業有成，舉人引見以欽天監博士用，貢監生童以天文生補用。」學生在官學肄業、貢監生肄業或考得舉人後，經過了五年對天文、算法、陰陽學的學習，其中精通陰陽術數者，會送往漏刻科。而在欽天監供職的官員，《大清會典則例》「欽天監」規定：「本監官生三年考核一次，術業精通者，保題升用。不及者，停其升轉，再加學習。如能黽勉供職，即予開復。仍不及者，降職一等，再令學習三年，能習熟者，准予開復，仍不能者，黜退。」除定期考核以定其升用降職外，《大清律例》中對陰陽術士不準確的推斷（妄言禍福）是要治罪的。《大清律例・一七八・術七・妄言禍福》：「凡陰陽術士，不許於大小文武官員之家妄言禍福，違者杖一百。其依經推算星命卜課，不在禁限。」大小文武官員延請的陰陽術士，自然是以欽天監漏刻科官員或地方陰陽官員為主。

官方陰陽學制度也影響鄰國如朝鮮、日本、越南等地，一直到了民國時期，鄰國仍然沿用着我國的多種術數。而我國的漢族術數，在古代甚至影響遍及西夏、突厥、吐蕃、阿拉伯、印度、東南亞諸國。

術數研究

術數在我國古代社會雖然影響深遠，「是傳統中國理念中的一門科學，從傳統的陰陽、五行、九宮、八卦、河圖、洛書等觀念作大自然的研究。……傳統中國的天文學、數學、煉丹術等，要到上世紀中葉始受世界學者肯定。可是，術數還未受到應得的注意。術數在傳統中國科技史、思想史，文化史、社會史，甚至軍事史都有一定的影響。……更進一步了解術數，我們將更能了解中國歷史的全貌。」（何丙郁《術數、天文與醫學中國科技史的新視野》，香港城市大學中國文化中心。）

可是術數至今一直不受正統學界所重視，加上術家藏秘自珍，又揚言天機不可洩漏，「（術數）乃吾國科學與哲學融貫而成一種學說，數千年來傳衍嬗變，或隱或現，全賴一二有心人為之繼續維繫，賴以不絕，其中確有學術上研究之價值，非徒癡人說夢，荒誕不經之謂也。其所以至今不能在科學中成立一種地位者，實有數因。蓋古代士大夫階級目醫卜星相為九流之學，多恥道之；而發明諸大師又故為惝恍迷離之辭，以待後人探索；間有一二賢者有所發明，亦秘莫如深，既恐洩天地之秘，復恐譏為旁門左道，始終不肯公開研究，成立一有系統說明之書籍，貽之後世。故居今日而欲研究此種學術，實一極困難之事。」（民國徐樂吾《子平真詮評註》，方重審序）

現存的術數古籍，除極少數是唐、宋、元的版本外，絕大多數是明、清兩代的版本。其內容也主要是明、清兩代流行的術數，唐宋或以前的術數及其書籍，大部分均已失傳，只能從史料記載、出土文獻、敦煌遺書中稍窺一鱗半爪。

術數版本

坊間術數古籍版本，大多是晚清書坊之翻刻本及民國書賈之重排本，其中豕亥魚魯，或任意增刪，往往文意全非，以至不能卒讀。現今不論是術數愛好者，還是民俗、史學、社會、文化、版本等學術研究者，要想得一常見術數書籍的善本、原版，已經非常困難，更遑論如稿本、鈔本、孤本等珍稀版本。在文獻不足及缺乏善本的情況下，要想對術數的源流、理法、及其影響，作全面深入的研究，幾不可能。

有見及此，本叢刊編校小組經多年努力及多方協助，在海內外搜羅了二十世紀六十年代以前漢文為主的術數類善本、珍本、鈔本、孤本、稿本、批校本等數百種，精選出其中最佳版本，分別輯入兩個系列：

一、心一堂術數古籍珍本叢刊

二、心一堂術數古籍整理叢刊

前者以最新數碼（數位）技術清理、修復珍本原本的版面，更正明顯的錯訛，部分善本更以原色彩色精印，務求更勝原本。并以每百多種珍本、一百二十冊為一輯，分輯出版，以饗讀者。後者延請、稿約有關專家、學者，以善本、珍本等作底本，參以其他版本，古籍進行審定、校勘、注釋，務求打造一最善版本，方便現代人閱讀、理解、研究等之用。

限於編校小組的水平，版本選擇及考證、文字修正、提要內容等方面，恐有疏漏及舛誤之處，懇請方家不吝指正。

心一堂術數古籍 珍本 整理 叢刊編校小組

二零零九年七月序

二零一四年九月第三次修訂

道光庚戌三十年下元之吉

天驚秘訣

此書是發明玄空大卦大陰陽大交媾起
星下卦真訣得者秘之　後學歐陽傳敬錄

天驚訣

雲間蔣杜陵大鴻氏秘本
後學歐陽一傳謹敬拜錄

河圖精義

坎為上元龍乾為上元水
乾為下元龍坎為下元水

河圖為地理之原其實即天運之本生死之互乘於此而定發興之代謝由是而名蓋天一生水地六成之水為北方故天之一在北即地之六亦在北一生一成相為經緯故天一當令為正神即取地六之正神以助之地六當令

為正神即取天一〻〻正神以助〻而取洛書方位对面〻〻
九紫四為零神此為一六〻〻共宗
二地生火天七成〻〻火在南方故地〻〻二在南即天〻〻七亦在
南地二當令為正神即取天七〻〻正神以助〻〻天七當令
為正神即取地二〻〻正神以助〻〻而取洛書对待〻〻八紫
三為零神此謂二七同道
天三生木地成八〻〻木在東方故天〻〻三在東地〻〻八
亦在東天三當令〻為正神即取地八〻〻正神以助〻〻地八當

令〻為正神即取天三〻正神以動〻而取洛書方位対待
〻七與三為零〻神此謂三八為朋
地四生金天九成〻金在西方故地〻四在西天〻九亦在
西地四當令〻為正神即取天九〻正神以動〻天九當令
為正神即取地四〻正神以動〻而取洛書〻方位対待
〻六與一為零〻神此謂四九作友
天五生土地十成〻土居中央故天五在中地十亦在中為
皇極而寄旺于四方為樞紐而維繫乎八氣此謂五

十同途但河圖有理氣而無方位有體質而無運
用至洛書而方位出焉

河圖

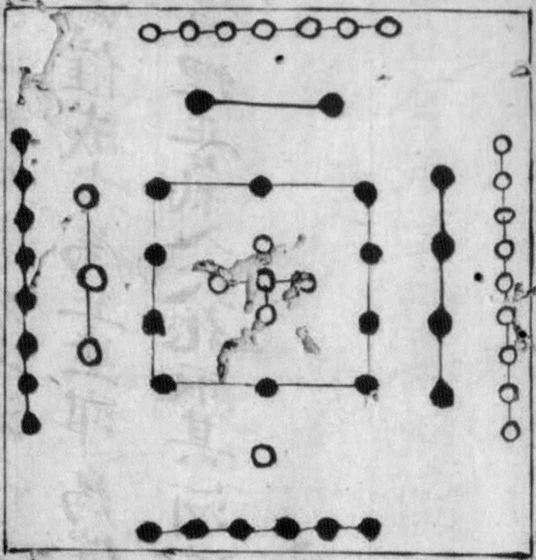

蓋三元氣運本有河圖以天一地二天三為上元以地

四天五地六為中元以天七地八天九為下元至于地十
天五同在中元卽河圖之理一生一成生者為正成卽
為催成者為正生卽為催而凡生成之正運者取其
實理正氣入六兆取其河道此所謂顛顛倒倒也

洛書精義

洛書之文與河圖相為表裡有河圖而無洛書有洛書而無河圖則有用而無體蓋論三元氣運本乎河圖而論三元方位則不外於洛書矣夫洛書之數以一對九為十以二對八為十以三對七為十以四對六為十以天居四正地居四隅一生一成相為經緯一陰一陽相為交構九疇從此生九宮從此配九星從此挨而洛國經野之道備焉蓋天一生水

故坎方〻〻天一為元首而何以取乎南者蓋坎方〻〻
水不能自生必需南方天九〻〻金星以生〻〻又地六成〻〻
故西方〻〻地六即為照神
地二生火故西南隅〻〻地二為上元第二運偏取艮水者蓋
火不能自生必需地八艮方〻〻木以生〻〻又天七成〻〻故西方
〻〻天七即為照神
〻〻天三生木故東〻〻天三為上元第三運偏取兑水者蓋
木能生火故用西方〻〻天七〻〻火以養〻〻地八成〻〻故東

比〻地八即為照神
地四生金故東南〻地四為中元首運偏取乾水者
蓋金能生水故用西北方地六〻水以養〻天九成〻
故離方〻天九為照神
五十居中央是寄生也不必論地六成〻故乾方〻地
六為中元末運偏取巽方水蓋水不能自生必需巽
方地四〻金以生〻天一生水故坎方〻天一即為照神
天七成〻故兌方天七為下元首運偏取震方水者蓋

火不能自生必需東方天生〻〻木以生〻〻地二生火故坤
方〻地二為照神
地八成〻故艮方地八為下元中運偏取坤方水者蓋木
能生火故用西南方地二〻〻火以養〻〻天三生木故東方天
三即為照神
天九成〻故南方天九為下元末運偏取坎方水者蓋金
能生水故取兌方天一〻〻水以養〻〻地四生金故東南〻
地四即為照神

大抵四生如孩見、之特父母四養如衰老、之伏子孫深
言之為五行相生、之体淺言、之即八卦顛倒、之用明
乎洛書、之義更參以先後天、之卦配以九星九宮之用
納以四吉四凶判以上元下元而堪輿、之秘旨盡矣

洛書

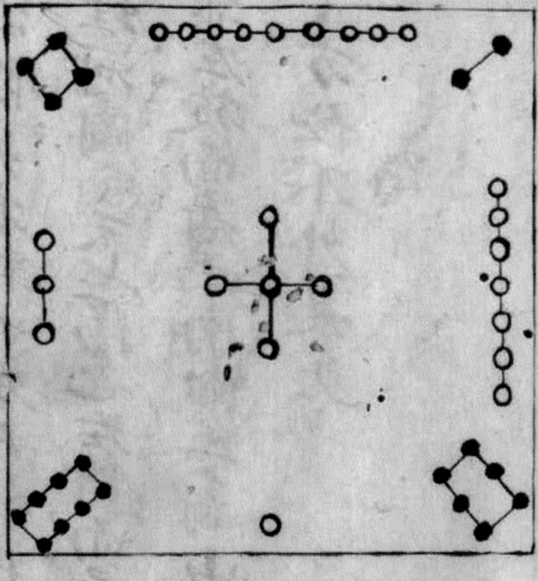

蓋三元方位本於洛書而洛書之文又不外乎河

圖河圖之地六陰矣左轉而居于西北河圖之地八亦陰矣右轉而居于東北即二十四山陰從右轉之理河圖之天七陽也左轉而居于西河圖之天九亦陽也亦左旋而居于南即二十四山陽從左旋之理八卦九宮之方位不外是矣

先天八卦精義

先天八卦而河圖之有理氣後天八卦而洛書之有方位要先後天相須為用而生死禍福之道出焉

蓋分先天四陽卦為上元如上元一白坎卦當令則必需離方水者離乃先天乾位乾為父故為第一而一六共宗故六白乾為照神

上元二黑坤卦當令則必需艮方水者艮乃先天震位震為長男故為二而二七同道故七赤兌為照神

上元三碧震卦當令則必需兑方水者兑乃先天坎位
正為中男故為第三而三八為朋故八白艮為照神
中元四綠巽氣當令則必需乾方水者乾乃先天艮位
艮為少男故為第四而四九為友故九紫離為照神
分先天四隩卦為下元如中元六白乾卦當令則必需
巽方水者巽乃先天兑位兑為少女故為第六而一
六共宗故一白坎為照神
下元七赤兑卦當令則必需震方水者震乃[redacted]

乾水為照神正吉四緑巽水為催煞兑水艮水為平龍

坤水震水為困龍餘以類推大約上元四吉離艮兑

乾四位之水四凶坎坤震巽四位之水下元反是

九宮遁法

淂一太極而內最五黃是也

順元挨山掌

上元

二黑七赤六白
九紫五黃一白
四綠三碧八白

中元

五黃一白九紫
三碧八白四綠
七赤六白二黑

下元

八白四綠三碧
六白二黑七赤
一白九紫五黃

三碧八白七赤
一白六白二黑
五黃四綠九紫

六白二黑一白
四綠九紫五黃
八白七赤三碧

九紫五黃四綠
七赤三碧八白
二黑一白六白

四綠九紫八白
二黑七赤三碧
六白五黃一白

七赤三碧二黑
五黃一白六白
九紫八白四綠

一白六白五黃
八白四綠九紫
三碧二黑七赤

挨九星吉凶訣

貪配一白巨配二黑祿配三碧上元三宮得運即以此三星輪在向上或水上或煞上吉上有此三星吉愈吉煞不大害文配四綠廉配五黃居中武配六白中元得運將文曲合在上元三星同吉破配七赤輔配八白弼配九紫下元得令以此三星為吉蓋穴以廉貞為主如河洛九宮以中五立極也

圖書天心十道穴法

一山向九十成功二对八兮数自終天三更作天七向地六還水地四通四维来拱五十穴口将九曜旋無穷合淂圖書迁一穴造物生民在掌中

河圖洛書以十为数故天一来龍即以天九为向取金水相生而合成十数天三来龍即以天七为向取木火相生而合成十数地二来龍即以地八为向亦取木火相生而合成十数地六来龍即以地四为向亦取金水相生而合成十数此圖書天心

十道、之精蘊也并言、之即為生水騎龍、之格相似所謂直節对堂即所謂明堂不可偏得此妙訣造物生民不在掌中乎

先天卦氣俱列穴法

六乾九離是朝宗坤宮坎一脉相通天三地八為友朋七金地四氣相從離九龍來定震位巽六龍入脉要坤宮坎水朝時來至兌緣（作艮解出）天三地六宮後天龍取先天向生成推正互多融

後天卦氣未龍即以先天卦氣作向其義甚深其訣甚秘如六白乾未龍要立離卦々向離乃先天乾也是非特後天々乾陽已收即先天々乾陽亦收々矣陽神豈不收定乎至于或兼癸丁或兼壬丙則在于九曜々尅制生扶隨地裁剪耳餘以類推

九曜旋飛吉凶還致法

貪狼子癸于甲甲壬卯未坤乙巨門六位巽辰巳乾戌亥皆武曲酉辛丑艮丙破軍寅午庚丁四位上右弼四星

迭次臨將山作主更翻向逆卦逆爻順逆輪貪輪
吉凶隨運轉廉歸之位不同輪旋飛之位流神忌
庚方辛向定位名若有水口來冲剋冲破陰陽多受
驚艮寅甲兮巽巳丙坤申庚兮乾亥壬十二排來
陽順行丑癸子兮戌辛酉未丁午兮辰乙卯十二拋
來陰逆走
九曜旋飛之法在平洋則從向上輪起如子山午向
則貪在午午是陰位故逆輪巨門巽巳之類也在

山龍則從山上輪起如子山午向則貪在子子亦陰位故逆轉巨門在乾上之類是也至於丙位壬位即為空位最忌流神其訣已詳古鏡歌中大抵上中下三元各本元之令星輪在向上或水上或煞上則吉地愈吉凶者犯凶如上元一白二黑三碧則以貪巨祿為令星下元七赤八白九紫則以破輔弼為令星至于中元四綠則分在上元中元六白則分在下元故文曲與上元三星同吉武曲與下元三星同吉而廉貞在中與

不共八星夾雜

九曜旋乖上翻臨臨字乖以山上星辰为对宮作向美

∴也翻者不定一处臨者各宮傳变也知此訣則通神矣

此註中多有訛謬々処不合九氣々法旋乖總屬不

隨乖運起例此係真機也

挨星起例訣

坤壬乙巨門從頭出艮丙辛位々破軍巽辰亥盡

是武曲位甲癸甲貪狼一路行午酉丑右弼七八九

子未卯一三祿存到寅庚丁以例作輔星乾戌巳
武曲共廉次

四十八局 此篇詞浅理深當沉潛体會非一覧可得
四十八局圖并打刼法

雲間蔣杜陵大鴻氏秘本

以龍佈局

乾坤艮巽四龍入首四順局四逆局共八局

辰戌丑未四龍有逆無順共四局

寅申巳亥四龍有順無逆共四局

子午卯酉四龍有順有逆共八局

乙辛丁癸四龍有逆無順共四局

甲庚壬丙四龍有順無逆共四局　以上三十二局

打刼法十六局

二十四山分順逆共成四十有八局三十二局是真機外

有打刼一十六

真夫遭刼是相守假則隨波喚阿儂

辰戌丑未與乾坤艮巽為真夫婦

子午卯酉與乙辛丁癸為真夫婦

寅申巳亥與乾坤艮巽為假夫婦

寅申巳亥與甲庚丙壬為真支歸
都天寶照曰辰戌丑未地元龍乾坤艮巽支歸宗言
乾坤艮巽兼辰戌丑未為真支歸若兼寅申巳亥
則為假支歸所謂真支遭劫是相守假則隨波喚
阿儂

挨星佈局

一卦有三爻故一卦管三山星落初爻則兼中末帶
一管二書云帶一管二少人知是也假如亥山巳向寅申

巳亥四山逆挨巽辰亥盡是武曲位便以武曲加亥上帶一管二乾戌亦是武曲破軍到辛起於乾々末交則佈左輔到申右弼到丁貪到巳巨到乙祿到寅文到癸八宮々上一一挨去故曰挨要以貪巨武輔弼五吉其方有水主人財富貴更逢元運一發如雷以祿破文為凶星其方有水主人財退散賊官降祿除更逢退運主官非火盜一敗如灰吉星々水得運則愈吉失運減半凶星々水失運奇凶得運稍可學者宜詳之

挨星順逆論山不論向

乾坤艮巽辰戌丑未入山順挨九星甲庚壬丙亦順挨九星

子午卯酉乙辛丁癸入山逆挨九星寅申巳亥亦逆挨九星

天玉三般卦立向骨髓

金木合併　水火既濟　元元又元　窮天極地

金木龍神金木向聯珠莫相放若還誤入水火宮後

世生貧窮水火龍神水火求錦帳掛金鈎假使立向雜
金木孤寡遭形毒

水口秘文

水火交歸雜兎木金对走坎離兒孫世代掛朱衣八
神四個乃一見洩天機
金木龍神金木向正神一氣天梯流泉水火鳳凰飛
此是零神地位零神來去皆貞吉更合挨星妙全璧
右謂臨江仙　浮挨星之貪巨武輔弼也

亥山
巳向

巽辰亥盡是武曲位巽辰亥三山皆以武曲加本山
寅申巳亥逆挨故以破軍加辛左輔加甲右弼加丁貪
加巳巨加乙凡亥山巳向震巽離坤四宮有水主大
富貴餘山以類推
辰戌丑未四山皆順挨九星戌山辰向以文曲加戌乾亥
三山見坎震巽離坤五方有水主人財大旺
乾坤艮巽四山皆順挨九星以辰戌丑未為真夫婦
乾山巽向坎離震巽坤五宮有水主人財科第

一卦有三爻戌為乾〻〻初爻順挨以武曲加壬亥為乾〻三爻逆挨則以破軍加辛乾為中爻順挨則以武曲加子其餘各卦〻〻兩爻則帶一兼三而並屬〻也甲庚壬丙四山順挨九星壬山丙向巽坤乾兌四方有水諸蓄主大富貴艮離震三方有水凶惟上元甲子離宮有水不妨忌主人財大旺當運不為殺也至中元必三甲退氣則人財兩敗其應如神

子未卯子山午內以祿加坐山凡子午卯酉四山逆挨
九星故子山午艮震巽離兌五宮有水停蓄主丁財
富貴上元二十年當令更盛
甲癸申貪狼一路行癸山丁內以貪狼加癸山逆挨
九星蓋乙辛丁癸四山皆逆佈以子午卯酉為真支
歸也凡癸山丁向宜離宮有水停蓄艮震乾坎
有水渚凝皆主富貴最坤忌坤方有水朝堂則
主人丁橫夭巽兌諸水皆忌

純雜

天玉經曰龍行出卦無官貴蓋行龍傳度不出卦之為純涉他卦為雜如坎卦子龍出脉行處轉折不離壬子癸為妙假使行龍壬夾亥行癸夾丑則駁亂而無緒矣八卦之內有三卦通氣眷屬一家者如乾震坤之類行龍在此三卦之中謂之不出卦也

行龍定向歌

金木龍神金木內聯珠不相放
水火龍神水火求錦帳掛（金鈎八神四位天機秘各自尋頭緒卦中煞位要靈通秘密在元空

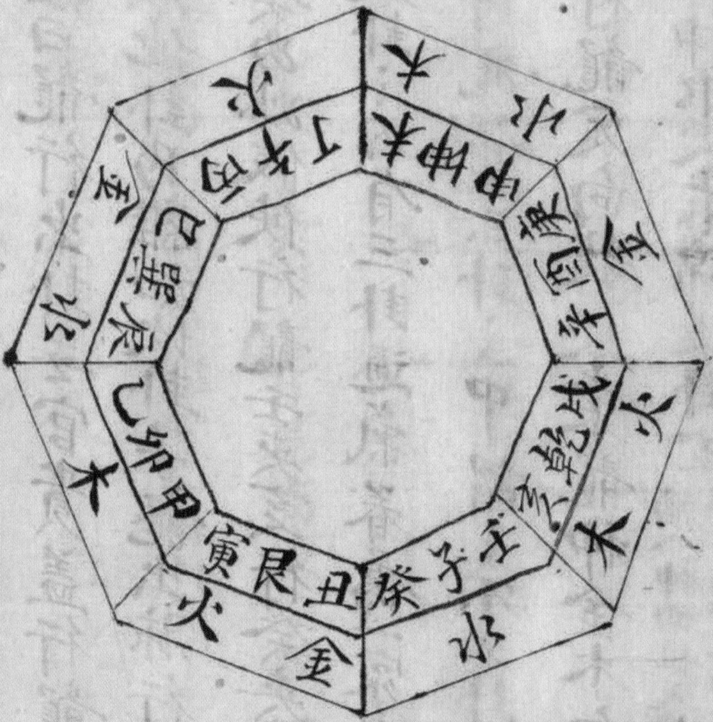

未坤申
庚酉辛
戌乾亥
壬子癸
丑艮寅
甲卯乙
辰巽巳
丙午丁

江東江西南北三卦

江東卦者甲卯乙為東方木卦木生於亥虽曰江東其源實起於西北之乾墓於未其終又歸於西南之坤是於乾震坤通三卦之氣八神四個一者即八神四個數也自乾而坎艮震是四位自震而至巽離坤當位一者零神是也再以坤類數四位則至坎坎為水局之零神故乾甲坤為木局之陽而零神在癸亥卯未為木局之陰而零神在子江西二卦者庚酉辛為西方金

卦金生在巳雖曰酉屬金位其生却在東南之巽宮其墓却在東北之艮位是於巽兑艮三卦通其氣巽至兑四兑至艮四巽庚艮為金局之陽巳酉丑為金局之陰陽金零神在（丁）陰金零神在午江西二卦者即江東之一卦等耳拋龍位卦氣相通而認龍立向在其中矣金木二局相併為一家所以金木之龍必配金木之向局然後清純不雜呼吸相通而發福應有無涯際者水必出于敗地所謂流於囚謝然後山收而殺出

南北八神共一卦者水火既濟共一家也丙午丁南方
火卦火生在寅而墓於戌是於艮丙乾為火局之陽
寅午戌為火局之陰火敗於卯卦四摞而零神在震
陽火零神於乙陰火零神於卯
壬子癸方水卦也水生於申而墓於辰是於坤壬辰
為水之陽局而甲子辰為水之陰局水敗於酉坤坎
巽四摞而零神在兑故陽零神在辛陰零神在酉
水火卦位之龍必作水火卦位之內故曰共一卦卦氣

相通而發福無窮矣

金木水火位鎮四方東南西北迭運四時四隅之卦五行雜氣聚焉所以乾坤艮巽為四大尊神而物之類權衡賴之五專行亥專屬如乾為木之生宮又為火之墓地是以近亥一邊則屬木近戌一邊則屬火坤居西南之宮一屬水之生一屬木之墓故近甲半邊屬水近未半邊則屬木矣巽艮以例推莫不皆然毋容贅述

牝牡交媾

陽用陰〻户陰求陽倚门陰陽交媾處富貴千量

金木局水流坎金局水歸離前卷已詳言〻矣但陽局水宜流去上是陽用陰〻宅也如乾甲坤局水出子為大吉陰局水宜流干上陰用陽〻门也如亥卯未局水出癸為上吉

干維龍向水流去上吉去龍内水流干維吉若正山正向者如子龍午向而水出子午卯酉者凶而水從

支上出者主寡夭形杖之凶也

正神零神

蔣註云取卦內生旺為正神

生旺者如中元上三甲震巽離山兴也局

以出卦衰敗之位為零神

出卦者卦氣不通之卦衰敗者退運受殺之卦

此正神零神是言生旺以四個一之零神不同各有其

妙用而不皆者也假如右旋之龍乾亥祖趨發脈轉折

午丁入首作艮寅向左水從亥夹右水從庚酉巽巳来
會而出於卯乙時當下元甲寅二十年或遷或造是
為全局决主富貴者也

下元下局

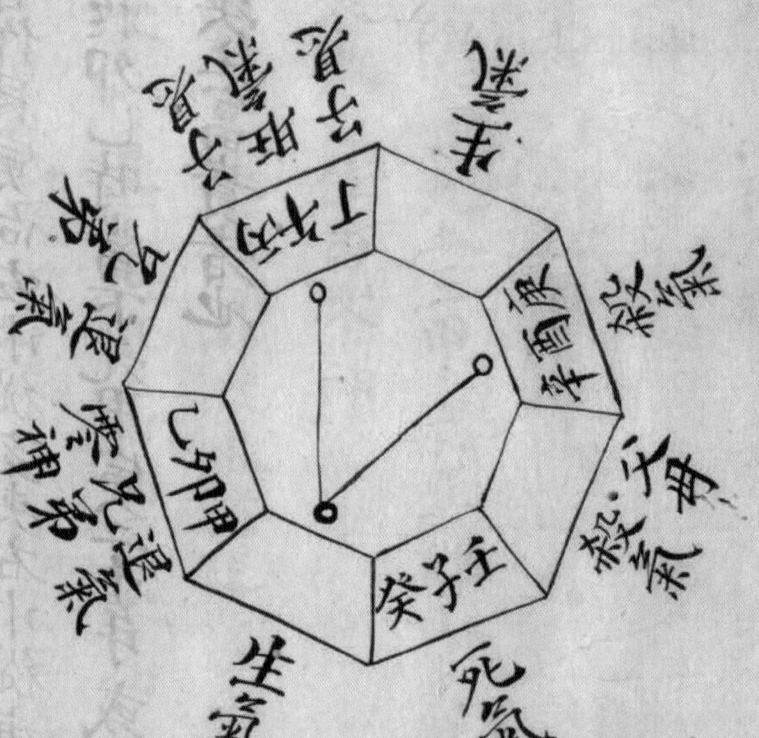

八卦四位出零神

八卦四位三卦父母乃挨龍察脈之大經龍不出卦為貴非卦直行到底之謂也假龍如行數十里總在一卦三字之內則硬是直呆板之龍安得世代榮貴之妙乎蓋不出相通之三卦也如未坤申方起祖轉而走巽又折而行坎或自坎入首或盤桓仍歸原位而入穴是謂不出卦以其坤坎巽（內包甲子辰水龍）為二局二十四龍止有三卦為我之本宗其即正神之謂也出此三卦而涉行乾兌艮震則為賊地即是零

神而酉宮尤為坤坎巽局之真敗零神也所以正神宜排巽立向宜零神而放水焉三卦同宗之理即三合會局由四位而見坤其義坤至坎四坎至巽四三方會合一家是我一家故曰正神再以巽數四位至兑兑非其類故為零神且兑又為水局之沐浴敗地棄宜矣兑既為敗地則艮丑巽巳亦可出其水蓋巳丑又巽敗地之酉邀局而同途水局巽火局对面有既濟之功聯姻之義毎通氣而立局故八神二卦而其父母酉既為水局之敗

地夘為火局之敗宮意其氣相通而出亦通焉金木之
相併以成其光故東西二卦共一父母而立向放水互用
於坎離之局也因佈正变四十八局於左使學者一
見瞭然於胸矣

卦二父母四大正局圖

江東一卦

乾震坤三卦為一局

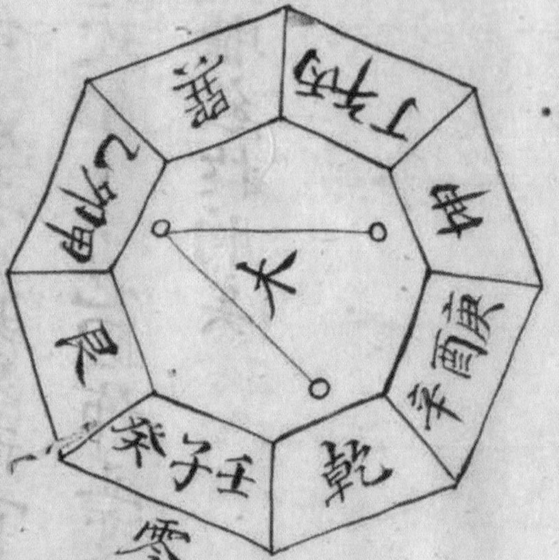

零神在坎

乾至震四位震至坤四位

龍行乾震坤三卦〻内為

淨純不雜主世代崢嶸科

第立向亦在此三卦〻内

為純淨無疵

巽兌艮三卦為一局

江西二卦

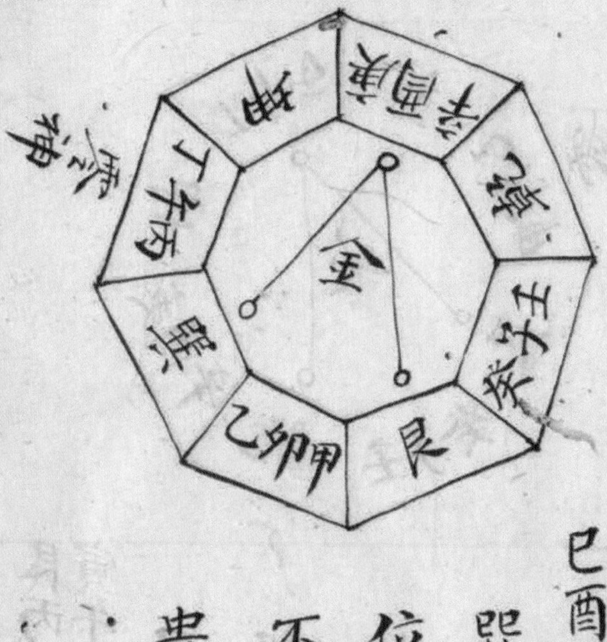

巽庚艮為陽
巳酉丑為陰零神在離丁午
巽至兌四位兌至艮四
位巽兌艮三卦之內為
不出卦淨純不雜正富
貴壽考

江南三卦

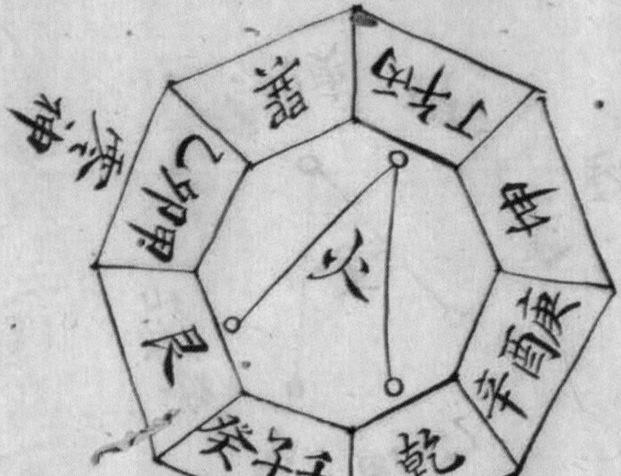

艮離乾三卦為一局

艮丙乾为陽　寅午戌为陰　零神在震乙卯

艮至離四位離至乾四

龍行艮離乾三卦〻內

为不出卦主大富貴

江北四卦

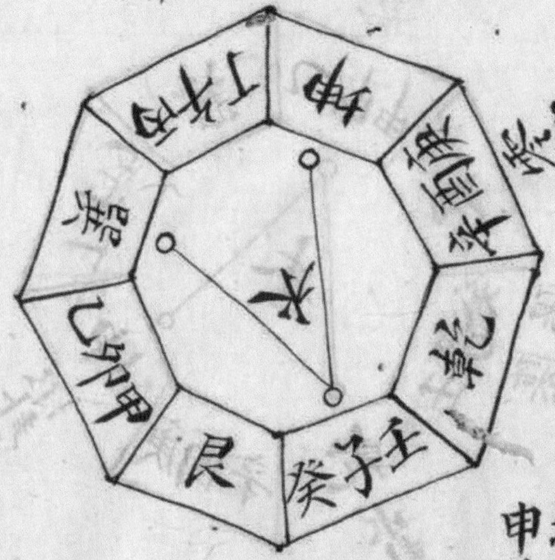

坤坎巽三卦為一局

坤壬巽六為陽申子辰為陰零神在兌辛酉

坤坎巽三卦眷屬一家行龍不離乎此者為不出卦主巨富顯爵人丁巨族

江東卦

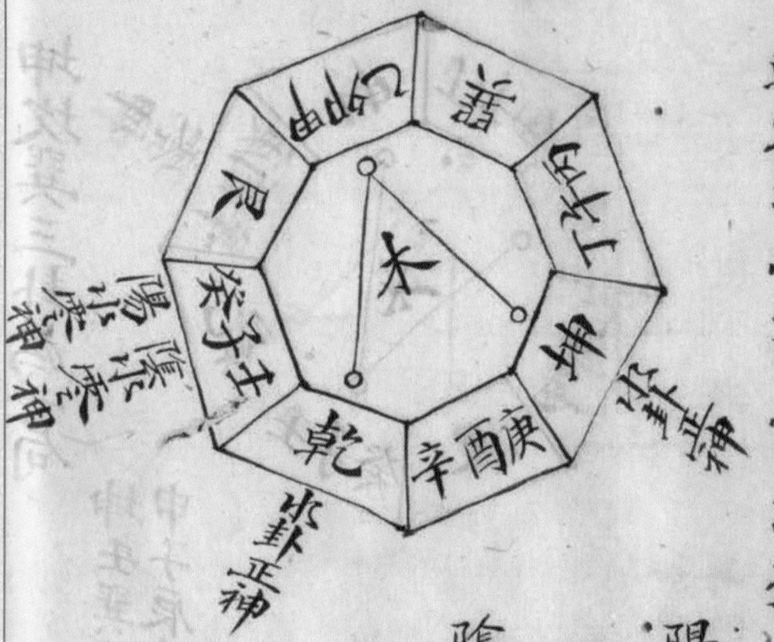

乾震坤三卦內立向消水四大正局

陽木局二零神在癸

乾甲坤局　坤乙乾局

陰木局二零神在子

亥卯未局　未卯亥局

巽兌艮三卦內立向消水四大正局

陽局二

巽庚艮
艮辛巽局

陰局二

巳酉丑
丑酉巳局

江西卦

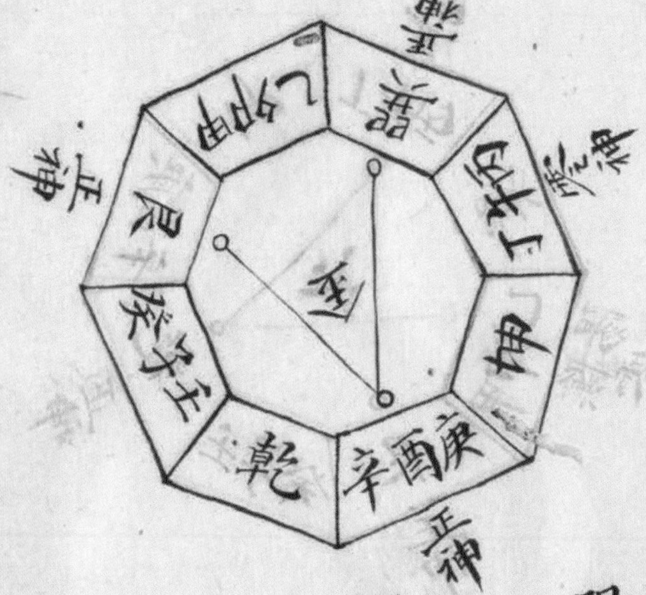

江南卦

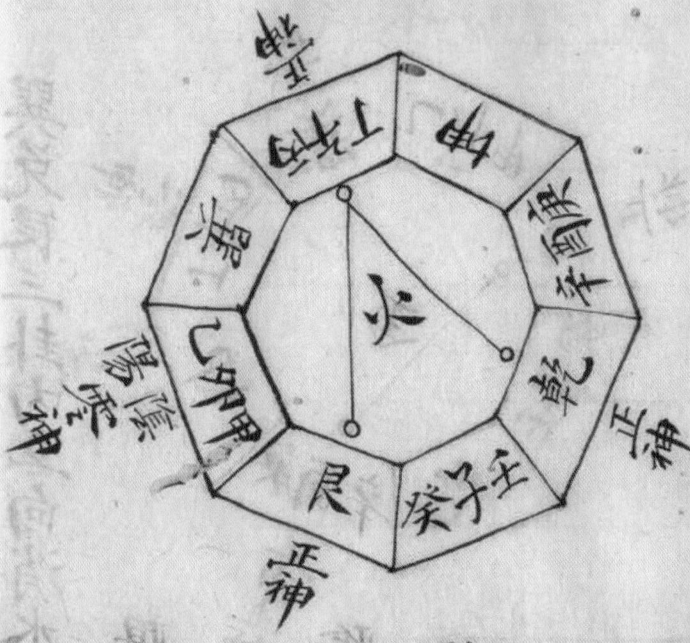

艮離乾三卦內立向消水四大正局

陽局二零神在乙

艮丙乾
乾丁艮局

陰局二零神在卯

寅午戌
戌午寅局

坤坎巽三卦內立向消水四大正局

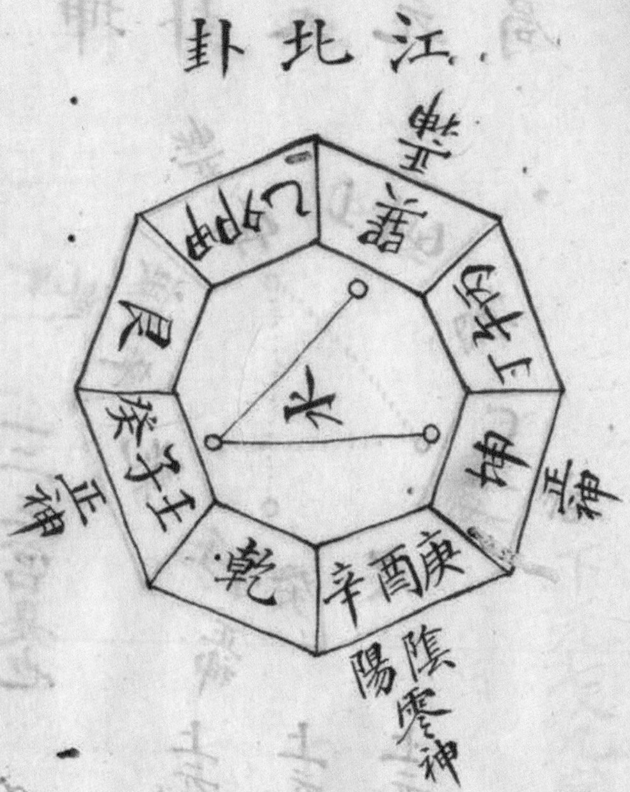

陽局二零神在辛
坤壬巽
巽壬坤局
陰局二零神在酉
申子辰
辰子申局

坤卦天元局

卦氣相通局坤與震通又與坎通此係三元乘旺之局上元一三宮是也

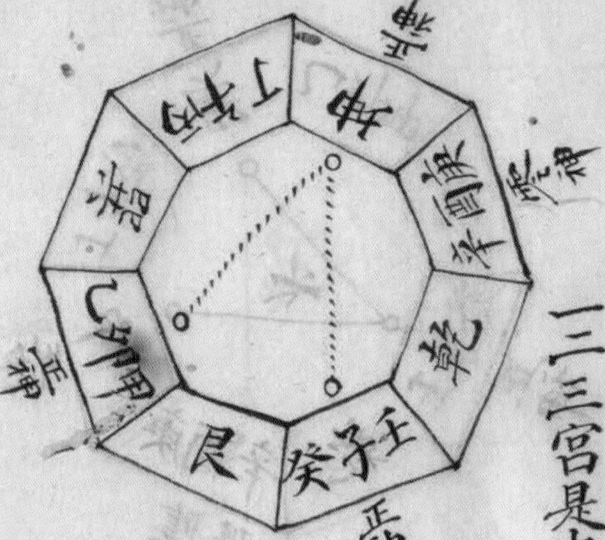

上元旺局
坤壬乙一局
申癸卯一局

上元旺局
甲癸申一局
坤壬甲一局

上元旺局
子未卯一局
申子卯局

艮卦地元局

卦氣相通局艮與離通又與兑通此係三元乘旺之局

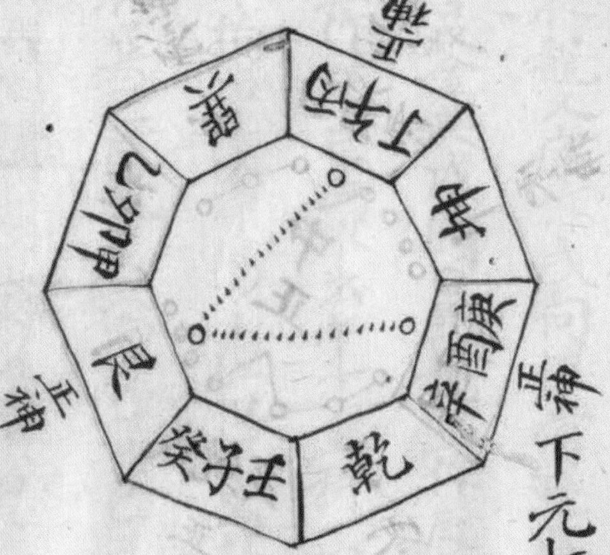

下元七八九宫是也

下元旺局　艮丙辛一局　丑酉午一局

下元旺局　寅庚丁一局　艮丙庚一局

下元旺局　寅午酉一局　艮丁辛一局

三元宮中人元旺氣局

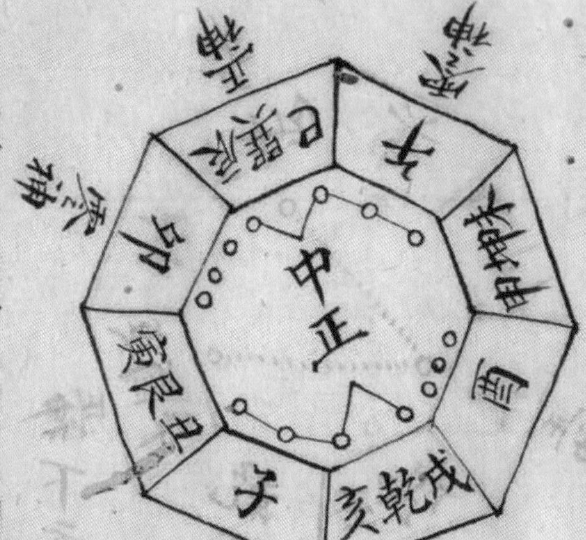

中元旺氣二
巽辰亥一局
乾戌巳一局

巽龍入首宜作巳山亥向水出子癸壬丑代科第

巳龍入首作亥向同辰龍作乾向為龍透天門主富貴

辰龍又宜作戌向但當避双凶金殺耳○戌龍宜作辰向

吉双金與戌同○乾龍宜作辰向亦為龍透天門、、吉○寅龍

宜作巽巳向水出午丁主科第蟬聯○天玉經云撥龍定向

不拘淨陰淨陽、、理但不出卦便為吉福故戌乾亥三龍宜

辰巽巳戌乾亥六向辰巽巳三龍宜作戌乾亥三向回龍顧

祖或倒騎龍宜作辰巽巳三向為淨純不雜大發富貴

但當避直沖中殺而已

卦氣相通局乾巽震通又巽離通其局有六卦氣通

兩元雜運皆凶格

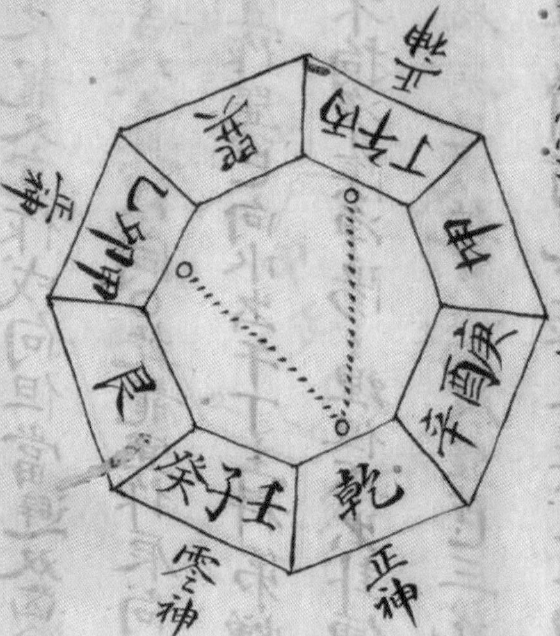

凶局

乾甲丁一局

乾乙丙一局

乾甲丙一局

乾乙丁一局

亥卯午一局

戌卯午一局

乾卦相通凶局

卦氣相通局巽丙坎通又丙兑通其局亦六卦氣雖通而元運錯雜凶局也

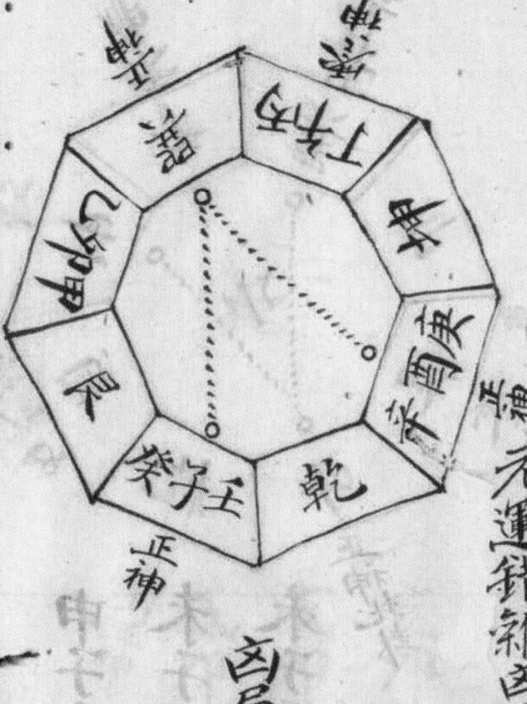

凶局
巽庚癸局
巽庚壬局
巽辛壬局
巽辛癸局
巳酉子局
辰酉子局

巽卦相通凶局

卦氣相通坤坎巽三卦打刼局

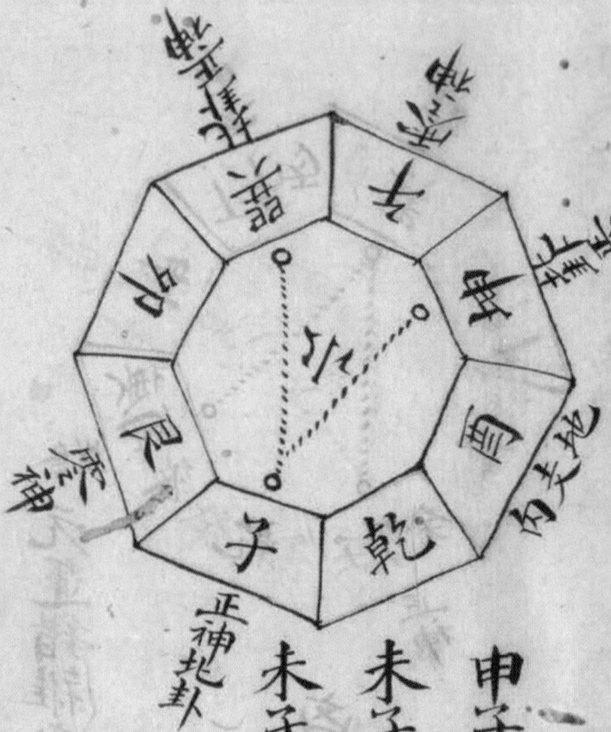

打刼局

甲子巳一局 水局刼金作水局

未子巳一局 水局刼木火作水局

未子辰一局 水局刼木作水局

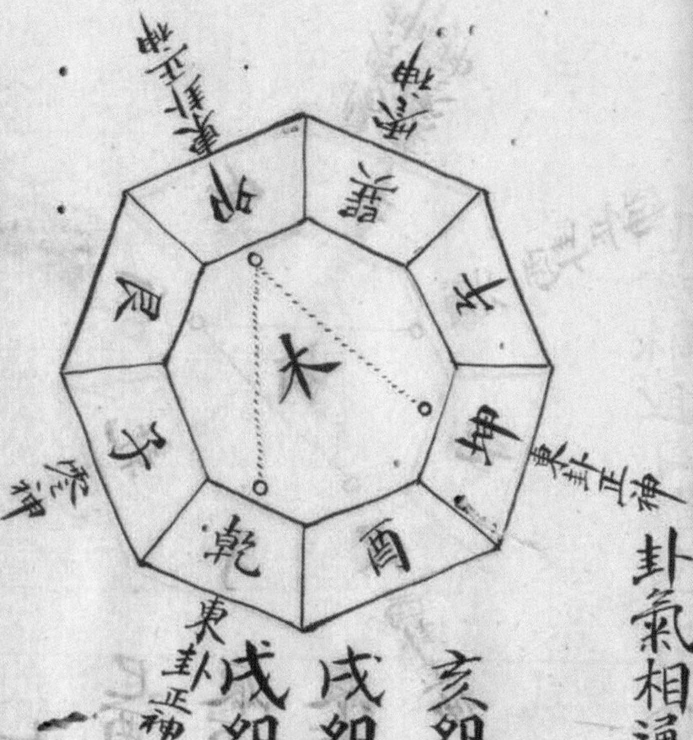

卦氣相通乾震坤三卦內打刼局

打刼局

亥卯申局木局刼水局之申
作木局

戌卯未局木局刼火局之戌
作木局

戌卯申局木局刼金火之支
作木局

卦氣相通巽兌艮三卦内打刼局

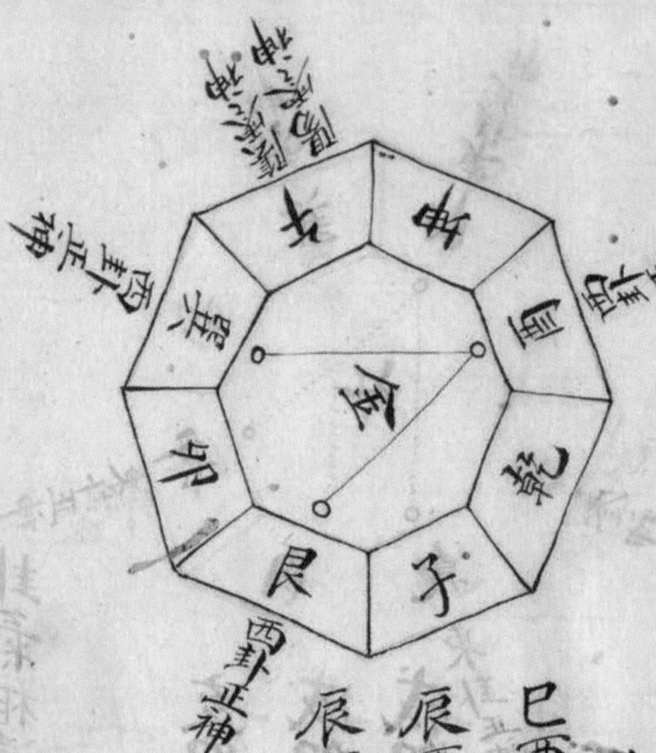

打刼局

巳酉寅一局　巳酉刼火局之寅作金局

辰酉丑一局　酉丑刼木局之辰作金局

辰酉寅一局　酉刼辰寅作金局

卦氣相通艮離乾三卦內打刼局

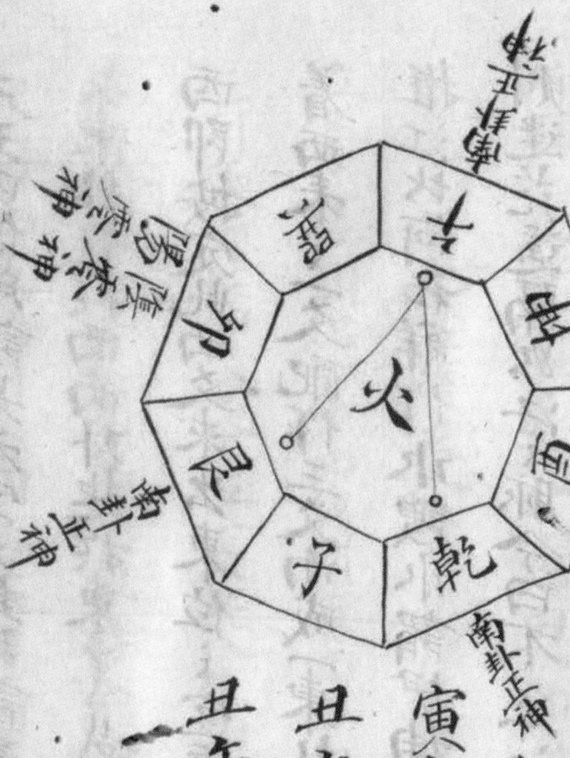

打刼局

寅午亥一局　寅午刼木局之亥作火局

丑午亥一局　午刼丑亥作火局

丑午戌一局　午戌刼金局之丑作火局

天玉內傳所說是元空大卦故說東兆東說西兆西　蔣
云東卦起於西西卦起於東善哉言乎有形之一爻現於
西即按定此西爻求出東位之空處二爻是東之二爻從
着西來之一爻配作三爻而成一東卦自妄不吉西一卦例
推江北何初解作水謾水謂伊神宛在可想而妄可見
則迷茫遙隔於江之脉今曰不然江水神也猶云水神之東
卦水神之西卦改以別其為正神用以挹山不淂混入南
北水神一卦是則以江北正借水摟出山來也故於西卦下

挨龍位三字且看東方上反不用江字更明曉東西互
取成卦是矣但概云東西則東方蕩〻西上茫〻果在何
所取〻〻且并不得從入〻路曰八神者從入〻路也曰四個者
取〻〻所也從後天八卦〻載在羅經者左旋右折起自本
位歷三位到得第四位則有四位中紬其一個如此推去直
追到底得七神合本位一爻共八位四八得三十二位一十二位為
東卦劃一十二位為西卦東卦剩四神西卦剩四神則撮
合二四而成八謂〻南北共二卦用東西二卦以挨山立向用

南北二卦以消水出煞有吉無凶端的不爽

倒排父母蔭龍位子

甲子
丙子
戊子
庚子
壬子

金龍

甲乙壬癸庚辛甲乙壬癸辛庚

子丑寅卯辰巳午未申酉戌亥

水龍

丙丁甲乙壬癸丙丁甲乙壬癸

子丑寅卯辰巳午未申酉戌亥

火龍

戊己丙丁甲乙戊己丙丁甲乙

子丑寅卯辰巳午未申酉戌亥

土龍

庚辛戊己丙丁庚辛戊己丙丁

子丑寅卯辰巳午未申酉戌亥

木龍　壬癸庚辛戊己壬癸庚辛戊己
　　子丑寅卯辰巳午未申酉戌亥

倒排法

如甲子龍以甲加戊上乙到亥丙到子丁到丑戊到寅
巳到卯庚到辰逢尅則以地理貴逆逢尅則逆辰上
庚辰倒挑壬到寅以浮壬寅癸卯金又倒挑亥子上浮
甲子乙丑亦金金與金仝音是謂出卦不出龍每以本
龍加戊上順數至辰退至寅又倒轉子皆與本龍仝納

音者為同氣相求雖出卦而不出龍主其地發科第矣
外患假如甲子龍出胎屬江北之卦行至卯寅位上
則出卦矣經曰龍行出卦矣有貴卻喜。壬寅、癸卯
入首為倒排父母蔭龍位雖出卦不出龍猶尊貴也

[illegible]

合宜向的例諸父母莫將龍顛倒論破軍卦不遊義於曹貴之

則亦倒卦未來曰喜有來卦天六五貴却[illegible]生子南大交卯

坤惠候如甲子龍卦居高子比甲卦甲子甲南寅從正

貴合局同相見不雜卦[illegible]生[illegible]卦[illegible]

撥龍立向秘訣

經云龍要合向之合水之合三吉位蓋言龍氣要與向氣相合又要得配奇偶雌雄方為合格故撥龍立向要將正神撥在龍上向上而水則撥入零神即青囊所謂生入剋入天玉所謂倒撥是也今按八卦中有三卦通氣即三卦又以一卦通之紀同元三卦亦紀父母子是三卦〻謂也其形以三合為主重卦不重干支子午卯酉為金木水火純氣乾坤艮巽為金木水火雜氣如申

子辰會水申隸坤辰隸巽故坎坤巽為三卦通氣亥
卯未會木亥隸乾未隸坤故乾震坤為三卦通氣寅
午戌會火寅隸艮戌隸乾故離乾艮為三卦通氣巳
酉丑會金巳隸巽丑隸艮故巽兑艮為三卦通氣立
向要在通氣卦內上元宜作水木局下元宜作火金局
今撥故法山龍以龍上撥局平洋以向上撥局八父母卦
順逆各一共十六局十六子息陽順陰逆各八亦十六局
合刼局十六戓謂四十八局也惟是山龍起祖抽爻遞運蜕

蜿蜒褭褭地勢必廣濶斷不能自一卦而來子出子尋尋
例未可盡拘故合用三卦以抱其局其立向有用納甲法
重淨陰淨陽不重卦爻宮位總要起祖落脉立向三外
俱在卦內此謂骨肉一家若平洋脫卸既遠平鋪而來並
有高低但名土支不為龍脉只是土膚浮氣攬取入穴所
重者專紫所忌者蕩散務要自一卦而來一方奔注方
為全格水說自大江大蕩分出支溇並以屈曲盤旋為
貴大勢亦要由一卦而來此重者清純此忌者冲破空

位父母子息各不相通故其局與山龍稍異如坎為水之純氣左通於巽為墓庫所隸又自坎順行經四卦而至於巽恰得元運相符奇偶陰陽相配故坎龍左旋宜立巽向所謂順子一局也右通於坤為長生所隸又自坎逆行經四卦而至於坤亦惟得元運相符陰陽奇偶相配故坎龍右旋宜立坤向所謂逆子一卦也合之八卦共得十六局然此惟父母卦為然玉旋子息爻位既偏則受氣亦雜各位陽順陰逆取局不能兩收如壬

癸隸坎壬屬陽位必有順經四卦而通於辰為其本行壬屬水辰乃水之墓庫也癸屬陰位必有逆經四卦而通於申為其本行申乃水之長生亦各得元運相符陰陽奇偶相配故壬龍宜作辰向辰龍宜作壬向癸龍宜作申向申龍宜作癸向合之各得是卦亦各得十六局是為其雌雄真交媾所謂三十二正局也然得是之局雖不能兼兩收而父母之氣則可以兼及如壬與未癸與巳亦不相同且左右殊趨情意各背全伏父母之內強邀致之名曰打刼

如壬為陽刼々之伏逆以通於未癸為陰刼々之伏順以通於巳使異類相從合為一家亦恰得元運相符陰陽奇偶相配故壬龍又可配未向未龍又可配壬向癸龍可配巳向巳龍可配癸向合々之各子息亦得十六局共成四十八局此青囊天玉反覆言々之但未詳其匙例合持為拈出詳列各圖於左

子午夘酉巽乾坤艮巽爲真支歸
甲丙庚壬巽辰戌丑未爲真支歸
乙辛丁癸巽寅申巳亥爲真支歸
子午夘酉順逆各一局合八局
乾坤艮巽順逆各一局合八局
甲庚丙壬寅申巳亥俱順八局
乙辛丁癸辰戌丑未俱逆八局 以上三十二正局
甲丙庚壬寅申巳亥逆八局 刼局

乙辛丁癸辰戌丑未順八局

以上十六刼局

乾甲丁
乾甲丙　正八局

巽庚癸
巽辛巳　刼八局

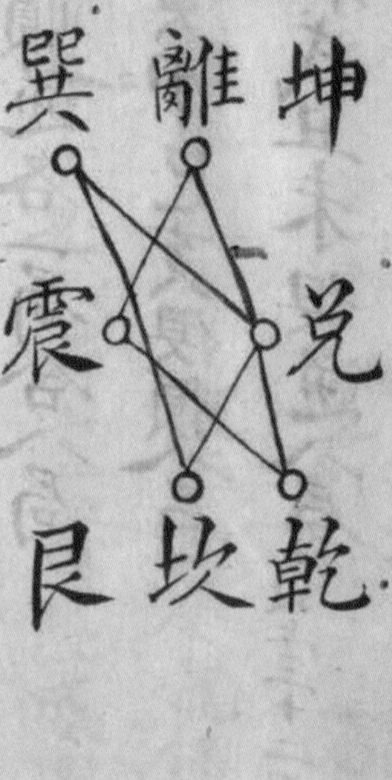

艮丙辛
艮庚丁　正八局

坤壬乙
坤癸申　刼八局

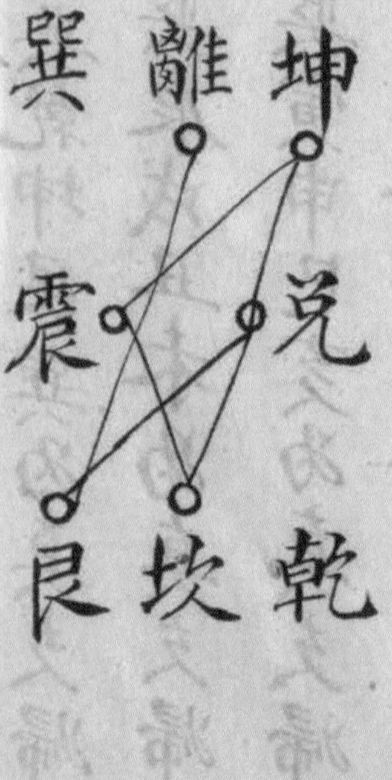

子辰申
子巳未　正局

午寅戌
午丑亥　劫局

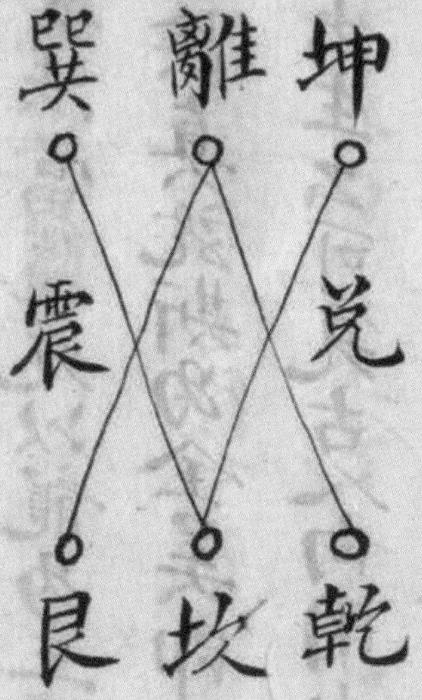

卯亥未
卯戌申　正局

酉巳丑
酉辰寅　劫局

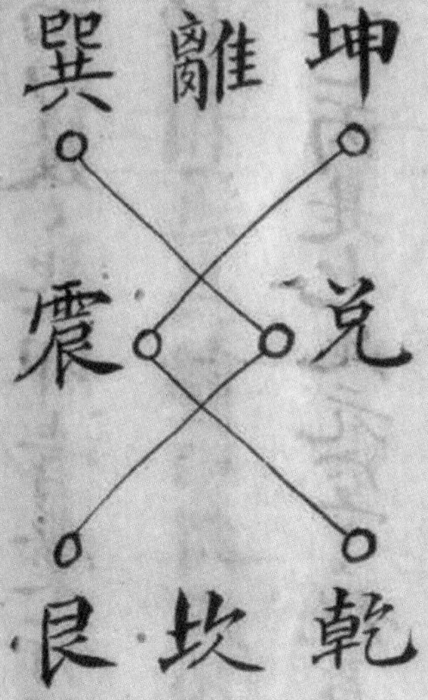

右四圖共四十八局二十四山雙雙起即青囊所謂陽從左
边團團轉陰從右路轉相通與語所謂左為陽子癸
至亥壬右為陰午丁至巳丙是也此元空之秘旨交媾之
真機亦即三合之精髓惟震乾兑巽嘗有十二局卦
氣雖通星運不符其法當隨元以龍為主取水在向
使其劫去本氣以口陰真訣斯為全美即經中所謂
剋入也不然即把剋出生出可見古人向用水原為訣
向氣不投合萬不淂已而設故扳龍一格為最下乘

今又不關龍向卦氣如何雌雄如何又不關水法當
如何消納總以向上有水為貴失青囊之旨矣
前圖四十八局學者一時難明今將二十四山一山兩
局逆一揭出開示於後
子龍　順一局乾山巽向　逆一局艮山坤向
午龍　順一局巽山乾向　逆一局坤山艮向
卯龍　順一局艮山坤向　逆一局巽山乾向　向上宜水
酉龍　順一局坤山艮向　逆一局乾山巽向　向上宜水

乾龍　順局酉山卯向（向上宜求）　逆局子山午向

坤龍　順局午山子向　逆局酉山卯向

艮龍　順局子山午向　逆局卯山酉向

巽龍　順局卯山酉向（向上宜求）　逆局午山子向

以上父母卦順逆共得十六正局

甲龍　順局丑山未向　乙龍　逆局巳山亥向（向上宜求）

丙龍　順局辰山戌向　辛龍　逆局亥山巳向（向上宜求）

庚龍　順局未山丑向　丁龍　逆局申山寅向

壬龍　順局戌山辰向　癸龍　逆局寅山申向

寅龍　順局癸山丁向　辰龍　逆局丙山壬向

申龍　順局丁山癸向　戌龍　逆局壬山丙向

巳龍　順局乙山辛向內上宜求　丑龍　逆局甲山庚向

亥龍　順局辛山乙向內上宜求　未龍　逆局庚山甲向

以上十六局子是卦，順，逆亦得十六正局

甲龍　逆局辰山戌向內上宜求　乙龍　順局寅山申向

庚龍　逆局戌山辰向內上宜求　辛龍　順局甲山寅向

丙龍　逆局未山丑向　丁龍　順局巳山亥向

壬龍　逆局丑山未向　癸龍　順局亥山巳向

寅龍　逆局乙山辛向　辰龍　順局甲山庚向　內上宜水

申龍　逆局辛山乙向　戌龍　順局庚山甲向　內上宜水

巳龍　逆局丁山癸向　丑龍　順局壬山丙向

亥龍　逆局癸山丁向　未龍　順局丙山壬向

以上十六子是卦八逆八順共得十六刼局

合之共成四十八局

內神外神

卦以通氣本元內者為內神如坤之於坎震艮之於離兌是也以通氣在本元外者為外神如坎離之於兩巽乾巽乾之兩震兌是也坤在上元之中艮為下元之中左通右通俱係同元星亦相屬故曰六秀又名六順先矣以坤艮為小中元巽乾為小下元艮有以也其餘諸卦左右通來必有一邊出元者俱屬外神然乾離坎巽雖非同元而卦氣猶屬同槽尚無錯雜

不可云凶惟巽兑乾震卦氣雖通元運各别星之參商

故曰六吉外傳云東西二卦雖寬結其家有姻戚如能

覓地挨奇緣相逢富貴全可見値此局者惟宜消息用

之消息者何言用水也即前向上宜水諸局

挨星定局

經云五星配出九星名天下任横行可見元空大卦秘旨

首在挨星一法自一行撰八宮卦例以偽乱真而挨星之

學時俗瞶瞶非得真傳正授未有能洞悉元機者也

今按九星以一白配貪狼二黑配巨門三碧配祿存四綠配文昌五黃配廉貞歸中六白配武曲七赤配破軍八白配左輔九紫配右弼此元空之定理天玉之真訣而其分配之故則皆理氣數之自然不可絲毫移易者也上元自坎起貪狼逆位挨去則坤恰得巨坤本屬巨其氣左經四位從申而通於子亦能右經四位從未而通於震故自坤向未右旋而逆位挨去則卯恰得祿至六秀之卦各依父母之左右旋以相配屬如子去通

坤必向壬右旋則壬為向坤之真情亦為通坤之達道故從坤為巨坤去通坎必向甲左旋則甲為向坎之真情亦為通坎之達道故從震為祿震去通坤必向乙左旋則乙為向坤之真情亦為通坤之達道故從坤為巨至坎震二卦氣雖不通而既係同元星亦相屬則情亦相聯坎去通震情趨於癸則癸為向震之真情亦為通震之達道故從震為祿震去通坎情趨於甲則甲為向坎之真情亦為通坎之達道故從坎為貪此

上元父母子息挨星之定例也下元自兑起破右旋通
巽元既不符星亦不属惟有左旋通艮元運相符卦
又通氣故自兑起破自辛左旋逆位挨去則艮恰得輔
艮本配輔其氣右經四位從丑而通於兑亦能左經四
位從寅而通於離故自艮寅左旋逆位挨去則離恰得
弼至六秀之卦亦依父母之左右旋以相配合如兑去
通艮必向辛右旋則辛為向艮之真情亦為通艮之
達道故從艮為輔艮去通兑必向丑右旋則丑為向兑

〻真情亦為通兌〻〻達道故從兌為破艮去通離必向
震左旋則寅為向離〻〻真情亦為通離〻〻達道故從
離為鄰離去通艮必向丙右旋則丙為向艮〻〻真情亦
為通艮〻〻達道故從艮為輔至兌離二卦氣雖不通而既
係同元星亦相屬則情自相聯兌去通離情通於庚則
庚為向離〻〻真情亦為通離〻〻達道故從離為鄰離去
通兌情趨於丁則丁為向兌〻〻真情亦為通兌〻〻達道
故從兌為破此下元父母子息挨星〻〻定例也至中元除

廣歸中止有文武二曲相对然既係同元亦可通情乾屬陽卦左旋通巽巽情趨於亥則亥為向巽巽之真情亦為通巽巽之達道故從巽為文巽亦陽卦左旋通乾情趨於巳則巳為向乾乾之真情亦為通乾乾之達道故從乾為武辰戌一位兼通情情之例故從父母本星此三元挨星星之例上附上中附中附下附下可見星符配卦雖顛來倒去各有根源其一定定之氣自然然之數無不昭映合愈錯乱而愈井然者也

排龍立向則用合卦局々三卦相通排星局定則用本元々三卦相通各有其用兩不相妨

星符歌

坤壬乙巨門從頭出艮丙辛位々是輔星巽辰亥盡是文曲位甲子甲貪狼一路行丁酉丑三山破軍守癸卯未俱是祿存地巳戌乾武曲一星聯寅庚午右弼宮中數

分陰分陽

立向消水則用各卦爻、之陰陽取其配合故曰陽朝陰應排星定卦則用大循環、之陰陽各自相周故曰分陰分陽如方位則東南為陽西北為陰時序則春夏為陽秋冬為陰輪挨則左旋為陽右旋為陰如坎起貪向壬右旋逆位挨去至癸一周得星符相值者、之卦九而西北、之相值者較多午起弼向丁左旋逆位挨去至丙一周亦得星符相值者、之卦九而東南、之相值者較多即起祿

右旋與坎同酉起破左旋與午同可見星卦〻氣一定如
此紀由人以左〻右〻也然此係隨元起星〻例紀合九星
為一大同也今以撥定〻星圖合觀〻甲為貪狼右旋撥
去一周得星符相值者九而庚恰終癸甲為貪狼左旋撥
去一周得星符相值者九而寅恰終癸寅申庚甲〻間實
為一局循環始終〻地且右局起於申而左局終於寅則
寅申更為首尾界定〻方而其人所界定者一居西南一居
東北正是陰陽分判〻〻然古人以寅人前甲後為陽寅人後

申前為陰蓋方位、、氣時序、、道本如是也然艮本屬陽卦又為寅父母寅為陽則艮必不可為陰故有一家十四（自艮至申十四位）一家十個（自庚至丑恰十個）、、說今按十四位中陽卦得八（艮寅甲癸巳丙坤申）陰卦得六（卯乙辰午丁未）十位、、中陰卦得六（酉辛戌子癸丑）陽卦得四（庚午亥壬）陽宜左旋而陽卦、、在陽方者適符其性故曰八個合陰宜右旋而陰卦、、在陰方者正拂其性故曰四個逆然言八個合則又有六個逆者存焉有四個逆則又有六個合者存焉（酉辛戌子癸丑）不可不知也寅八為陽始順行而

進於陽甲為陰終逆行而進於陰一順一逆俾首陽而尾陰故十四個為進神而十個為退神此太極圖之陰陽相合即天玉所謂東西兩個卦也

自艮至申
十四個
自庚至丑
十個

截法圖

申未太陰　酉金星　戌亥羅睺
午火星　子水星
巳辰計都　卯木星　丑寅太陽

甲己丁壬戊癸陽排山順布百年祥乙
庚丙辛陰干位逆布排來用太陽

排山圖

六羅凶　七金吉　八白吉　九火凶
五土凶
四計凶　三木吉　二月吉　一水吉

時起法例

其法甲己丁壬戊癸陽順行九宮乙庚丙辛陰逆行九宮

羅睺起時之圖

六凶　七吉 乙庚起子逆從乾去　八吉　九凶 丁壬起子順從坎去

五凶 戊癸起子順從乾去

四凶　三吉 丙辛起子逆從坤去　二吉　一吉 甲己起子順從坤去

此太陽值日值時之用實能避太歲三煞之凶

楊公恐人用五星七政安葬有錯故留傳此法

於後世用之屢驗

道光庚戌三十年冬月吉日後學歐陽芹字一傳
年二十三歲係贛郡興國學監生從吉郡
永豐何榮桓字顯槐老師門下傳授元空大
卦山龍水龍擇吉真訣以承先啟後救貧濟世
係天機秘旨豈容浪洩輕言但原書明出
蔣元柯仙師秘錄前緣今數百年未有刊本閉戶抄藏有人若遇是
由與辨正參看益透澈不經奏授盜得
此書必遭雷火誅擊慎之〻

占筮類			
1	擲地金聲搜精秘訣	心一堂編	沈氏研易樓藏稀見易占秘鈔本
2	卜易拆字秘傳百日通	心一堂編	
3	易占陽宅六十四卦秘斷	心一堂編	火珠林占陽宅風水秘鈔本
星命類			
4	斗數宣微	【民國】王裁珊	民初最重要斗數著述之一；未刪改本
5	斗數觀測錄	【民國】王裁珊	失傳民初斗數重要著作
6	《地星會源》《斗數綱要》合刊	心一堂編	失傳的第三種飛星斗數
7	《斗數秘鈔》《紫微斗數之捷徑》合刊	心一堂編	珍稀「紫微斗數」舊鈔秘本
8	斗數演例	心一堂編	
9	紫微斗數全書（清初刻原本）	題【宋】陳希夷	斗數全書本來面目；有別於錯誤極多的坊本
10-12	鐵板神數（清刻足本）——附秘鈔密碼表	題【宋】邵雍	無錯漏原版 秘鈔密碼表 首次公開！
13-15	蠢子數纏度	題【宋】邵雍	蠢子數連密碼表 打破數百年秘傳 首次公開！
16-19	皇極數	題【宋】邵雍	清鈔孤本附起例及完整密碼表 研究神數必讀！
20-21	邵夫子先天神數	題【宋】邵雍	附手鈔密碼表 研究神數必讀！
22	八刻分經定數（密碼表）	題【宋】邵雍	皇極數另一版本；附手鈔密碼表
23	新命理探原	【民國】袁樹珊	子平命理必讀教科書！
24-25	袁氏命譜	【民國】袁樹珊	
26	韋氏命學講義	【民國】韋千里	民初二大命理家南袁北韋
27	千里命稿	【民國】韋千里	
28	精選命理約言	【民國】韋千里	北韋之命理經典
29	滴天髓闡微——附李雨田命理初學捷徑	【民國】袁樹珊、李雨田	命理經典未刪改足本
30	段氏白話命學綱要	【民國】段方	民初命理經典最淺白易懂
31	命理用神精華	【民國】王心田	學命理者之寶鏡

32	命學探驪集	【民國】張巢雲	發前人所未發 稀見民初子平命理著作
33	澹園命談	【民國】高澹園	
34	算命一讀通——鴻福齊天	【民國】不空居士、覺先居士合纂	
35	子平玄理	【民國】施惕君	
36	星命風水秘傳百日通	心一堂編	
37	命理大四字金前定	題【晉】鬼谷子王詡	源自元代算命術
38	命理斷語義理源深	心一堂編	稀見清代批命斷語及活套
39－40	文武星案	【明】陸位	失傳四百年《張果星宗》姊妹篇 千多星盤命例　研究命學必備
相術類			
41	新相人學講義	【民國】楊叔和	失傳民初白話文相術書
42	手相學淺說	【民國】黃龍	民初中西結合手相學經典
43	大清相法	心一堂編	重現失傳經典相書
44	相法易知	心一堂編	
45	相法秘傳百日通	心一堂編	
堪輿類			
46	靈城精義箋	【清】沈竹礽	沈氏玄空遺珍 玄空風水必讀
47	地理辨正抉要	【清】沈竹礽	
48	《玄空古義四種通釋》《地理疑義答問》合刊	沈瓞民	
49	《沈氏玄空吹虀室雜存》《玄空捷訣》合刊	【民國】申聽禪	
50	漢鏡齋堪輿小識	【民國】查國珍、沈瓞民	
51	堪輿一覽	【清】孫竹田	失傳已久的無常派玄空經典
52	章仲山挨星秘訣（修定版）	【清】章仲山	章仲山無常派玄空珍秘 門內秘本首次公開 沈竹礽等大師尋覓一生末得之珍本！
53	臨穴指南	【清】章仲山	
54	章仲山宅案附無常派玄空秘要	心一堂編	
55	地理辨正補	【清】朱小鶴	玄空六派蘇州派代表作
56	陽宅覺元氏新書	【清】元祝垚	簡易・有效・神驗之玄空陽宅法
57	地學鐵骨秘　附　吳師青藏命理大易數	【民國】吳師青	釋玄空廣東派地學之秘
58－61	四秘全書十二種（清刻原本）	【清】尹一勺	玄空湘楚派經典本來面目 有別於錯誤極多的坊本

62	地理辨正補註　附 元空秘旨　天元五歌　玄空精髓　心法秘訣等數種合刊	【民國】胡仲言	貫通易理、巒頭、三元、三合、天星、中醫
63	地理辨正自解	【清】李思白	公開玄空家「分率尺、工部尺、量天尺」之秘
64	許氏地理辨正釋義	【民國】許錦灝	民國易學名家黃元炳力薦
65	地理辨正天玉經內傳要訣圖解	【清】程懷榮	秘訣一語道破，圖文并茂
66	謝氏地理書	【民國】謝復	玄空體用兼備、深入淺出
67	論山水元運易理斷驗、三元氣運說附紫白訣等五種合刊	【宋】吳景鸞等	失傳古本《玄空秘旨》《紫白訣》
68	星卦奧義圖訣	【清】施安仁	三元玄空門內秘笈　清鈔孤本 過去均為必須守秘不能公開秘密 與今天流行飛星法不同
69	三元地學秘傳	【清】何文源	
70	三元玄空挨星四十八局圖說	心一堂編	
71	三元挨星秘訣仙傳	心一堂編	
72	三元地理正傳	心一堂編	
73	三元天心正運	心一堂編	
74	元空紫白陽宅秘旨	心一堂編	
75	玄空挨星秘圖　附 堪輿指迷	心一堂編	
76	姚氏地理辨正圖說　附 地理九星并挨星真訣全圖　秘傳河圖精義等數種合刊	【清】姚文田等	
77	元空法鑑批點本——附 法鑑口授訣要、秘傳玄空三鑑奧義匯鈔　合刊	【清】曾懷玉等	蓮池心法　玄空六法 門內秘鈔本首次公開
78	元空法鑑心法	【清】曾懷玉等	
79	曾懷玉增批蔣徒傳天玉經補註【新修訂版原（彩）色本】	【清】項木林、曾懷玉	
80	地理學新義	【民國】俞仁宇撰	揭開連城派風水之秘
81	地理辨正揭隱（足本）　附連城派秘鈔口訣	【民國】王邈達	
82	趙連城傳地理秘訣附雪庵和尚字字金	【明】趙連城	
83	趙連城秘傳楊公地理真訣	【明】趙連城	
84	地理法門全書	仗溪子、芝罘子	巒頭風水，內容簡核、深入淺出
85	地理方外別傳	【清】熙齋上人	巒頭形勢、「望氣」「鑑神」
86	地理輯要	【清】余鵬	集地理經典之精要
87	地理秘珍	【清】錫九氏	巒頭、三合天星，圖文並茂
88	《羅經舉要》附《附三合天機秘訣》	【清】賈長吉	清鈔孤本羅經、三合訣法圖解
89-90	嚴陵張九儀增釋地理琢玉斧巒	【清】張九儀	清初三合風水名家張九儀經典清刻原本！

91	地學形勢摘要	心一堂編	形家秘鈔珍本
92	《平洋地理入門》《巒頭圖解》合刊	【清】盧崇台	平洋水法、形家秘本
93	《鑒水極玄經》《秘授水法》合刊	【唐】司馬頭陀、【清】鮑湘襟	千古之秘，不可妄傳匪人
94	平洋地理闡秘	心一堂編	雲間三元平洋形法秘鈔珍本
95	地經圖說	【清】余九皋	形勢理氣、精繪圖文
96	司馬頭陀地鉗	【唐】司馬頭陀	流傳極稀《地鉗》
97	欽天監地理醒世切要辨論	【清】欽天監	公開清代皇室御用風水真本
三式類			
98－99	大六壬尋源二種	【清】張純照	六壬入門、占課指南
100	六壬教科六壬鑰	【民國】蔣問天	由淺入深，首尾悉備
101	壬課總訣	心一堂編	過去術家不外傳的珍稀六壬術秘鈔本
102	六壬秘斷	心一堂編	
103	大六壬類闡	心一堂編	
104	六壬秘笈——韋千里占卜講義	【民國】韋千里	六壬入門必備
105	壬學述古	【民國】曹仁麟	依法占之，「無不神驗」
106	奇門揭要	心一堂編	集「法奇門」、「術奇門」精要
107	奇門行軍要略	【清】劉文瀾	條理清晰、簡明易用
108	奇門大宗直旨	劉毗	天下孤本 首次公開虛白廬藏本《秘藏遁甲天機》
109	奇門三奇干支神應	馮繼明	
110	奇門仙機	題【漢】張子房	奇門不傳之秘 應驗如神
111	奇門心法秘纂	題【漢】韓信（淮陰侯）	
112	奇門廬中闡秘	題【三國】諸葛武侯註	
選擇類			
113－114	儀度六壬選日要訣	【清】張九儀	清初三合風水名家張九儀擇日秘傳
115	天元選擇辨正	【清】一園主人	釋蔣大鴻天元選擇法
其他類			
116	述卜筮星相學	【民國】袁樹珊	民初二大命理家南袁北韋
117－120	中國歷代卜人傳	【民國】袁樹珊	南袁之術數經典